AF289461

la escuela - школа — 2
el viaje - путешествие — 5
el transporte - транспорт — 8
la ciudad - город — 10
el paisaje - ландшафт — 14
el restaurante - ресторан — 17
el supermercado - супермаркет — 20
las bebidas - напитки — 22
la comida - еда — 23
la granja - ферма — 27
la casa - дом — 31
la estancia - гостиная — 33
la cocina - кухня — 35
el baño - ванная комната — 38
la recámara de los niños - детская комната — 42
la ropa - одежда — 44
la oficina - офис — 49
la economía - экономика — 51
las ocupaciones - профессии — 53
las herramientas - инструменты — 56
los instrumentos musicales - музыкальные инструменты — 57
el zoológico - зоопарк — 59
los deportes - спорт — 62
las actividades - действия — 63
la familia - семья — 67
el cuerpo - тело — 68
el hospital - больница — 72
la emergencia - неотложный случай — 76
la tierra - земля — 77
el reloj - часы — 79
la semana - неделя — 80
el año - год — 81
las formas - формы — 83
colores - цвета — 84
los opucstos - противоположности — 85
los números - цифры — 88
los idiomas - языки — 90
quién / qué / cómo - кто / что / как — 91
dónde - где — 92

Impressum
Verlag: BABADADA GmbH, Nedderfeld 112 , 22529 Hamburg
Geschäftsführer / Verlagsleitung: Harald Hof
Druck: Books on Demand GmbH, In de Tarpen 42, 22848 Norderstedt

Imprint
Publisher: BABADADA GmbH, Nedderfeld 112 , 22529 Hamburg, Germany
Managing Director / Publishing direction: Harald Hof
Print: Books on Demand GmbH, In de Tarpen 42, 22848 Norderstedt, Germany

la escuela
школа

el salón de clases
классная комната

dividir
делить

186/2

el pizarrón
доска

el patio
школьный двор

el maestro
учитель

el papel
бумага

escribir
писать

el bolígrafo
ручка

el escritorio
письменный стол

la regla
линейка

el libro
книга

el alumno
ученик

la mochila

ранец

la caja de lápices

пенал

el lápiz

карандаш

el sacapuntas

точилка

la goma de borrar

ластик

el bloc de dibujo

альбом для рисования

el dibujo

рисунок

el pincel

кисточка

la caja de lápices de color

коробка красок

las tijeras

ножницы

el pegamento

клей

el libro de ejercicios

тетрадь

la tarea

домашняя работа

el número

цифра

sumar

прибавлять

restar

вычитать

multiplicar

умножать

calcular

считать

la letra

буква

el alfabeto

алфавит

la palabra

слово

el texto

текст

leer

читать

la tiza

мел

la lección

урок

el cuaderno de clase

классный журнал

el examen

экзамен

el certificado

диплом

el uniforme

школьная форма

la educación

образование

la enciclopedia

энциклопедия

la universidad

университет

el microscopio

микроскоп

el mapa

карта

el bote de basura

корзина для бумаг

el hotel
гостиница

el hostel
турбаза

la casa de cambio
пункт обмена валюты

la maleta
чемодан

el carro
автомобиль

el idioma

язык

sí / no

да / нет

Órale

хорошо

hola

Привет

el traductor

переводчик

Gracias

Спасибо

¿cuánto cuesta...?

Сколько стоит...?

No entiendo

Я не понимаю

el problema

проблема

¡Buenas tardes!

Добрый вечер!

¡Buenos días!

Доброе утро!

¡Buenas noches!

Доброй ночи!

adiós

До свидания

la dirección

направление

el equipaje

багаж

la bolsa

сумка

la mochila

рюкзак

el invitado

гость

la recámara

комната

la bolsa de dormir

спальный мешок

la tienda de campaña

палатка

la información turística

туристическая
информация

la playa

пляж

la tarjeta de crédito

кредитная карточка

el desayuno

завтрак

el almuerzo

обед

la cena

ужин

el billete

билет

el ascensor

лифт

el sello

почтовая марка

la frontera

граница

la aduana

таможня

la embajada

посольство

la visa

виза

el pasaporte

паспорт

el viaje - путешествие

el avión
самолёт

el barco
корабль

el camión de bomberos
пожарный автомобиль

el autobús
автобус

el camión
грузовик

la lancha a motor
моторная лодка

la bicicleta
велосипед

el carro
автомобиль

el ferry

паром

el bote

лодка

la motocicleta

мотоцикл

la patrulla

полицейский автомобиль

el coche de carreras

гоночный автомобиль

el auto para rentar

арендованный
автомобиль

la renta de autos

совместное пользование
автомобилями

la grúa

буксировочный
автомобиль

el camión recolector de
basura

мусоровоз

el motor

двигатель

la gasolina

топливо

la gasolinera

заправка

la señal de tráfico

дорожный знак

el tránsito

движение

el embotellamiento

пробка

el aparcamiento

автостоянка

la estación de tren

вокзал

las vías

рельсы

el tren

поезд

el tranvía

трамвай

el vagón

вагон

el helicóptero

вертолёт

el aeropuerto

аэропорт

la torre

вышка

el pasajero

пассажир

el contenedor

контейнер

la caja de cartón

коробка

la carretilla

тележка

la cesta

корзина

despegar / aterrizar

взлетать / приземляться

la ciudad

город

el pueblo

деревня

el centro de la ciudad

центр города

la casa

дом

el cine
кинотеатр

el anuncio
реклама

el farol
уличный фонарь

la calle
улица

el taxi
такси

la dulcería
киоск

CINEMA

el peatón
пешеход

la banqueta
тротуар

el paso peatonal
пешеходный переход

el bote de basura
мусорное ведро

el cruce
перекрёсток

el semáforo
светофор

la cabaña
хижина

el apartamento
квартира

la estación de tren
вокзал

el ayuntamiento
ратуша

el museo
музей

la escuela
школа

la ciudad - город

11

la universidad

университет

el banco

банк

el hospital

больница

el hotel

гостиница

la farmacia

аптека

la oficina

офис

la librería

книжный магазин

la tienda

магазин

la florería

цветочный магазин

el supermercado

супермаркет

el mercado

рынок

las grandes tiendas

универмаг

la pescadería

торговец рыбой

el centro comercial

торговый центр

el puerto

порт

el parque

парк

el banco

скамейка

el puente

мост

las escaleras

лестница

el metro

метро

el túnel

тоннель

la parada de autobús

автобусная остановка

el bar

бар

el restaurante

ресторан

el buzón

почтовый ящик

el letrero

табличка с названием
улицы

el parquímetro

паркометр

el zoológico

зоопарк

la alberca

бассейн

la mezquita

мечеть

la granja

ферма

la contaminación

загрязнение окружающей среды

el cementerio

кладбище

la iglesia

церковь

el área de niños

детская площадка

el templo

храм

el paisaje
ландшафт

la hoja
лист

la señal
дорожный указатель

el camino
дорога

la pradera
луг

la piedra
камень

el caminante
путешественник

el árbol
дерево

el río
река

el pasto
трава

la flor
цветок

el valle

долина

la montaña

гора

el lago

озеро

el bosque

лес

el desierto

пустыня

el volcán

вулкан

el castillo

замок

el arco iris

радуга

el champiñón

гриб

la palmera

пальма

el mosquito

комар

la mosca

муха

la hormiga

муравей

la abeja

пчела

la araña

паук

el escarabajo

жук

la rana

лягушка

la ardilla

белка

el erizo

еж

la liebre

заяц

la lechuza

сова

el pájaro

птица

el cisne

лебедь

el jabalí

кабан

el ciervo

олень

el alce

лось

el embalse

плотина

la turbina eólica

ветряной генератор

el panel solar

солнечная батарея

el clima

климат

el camarero
официант

el menú
меню

la silla
стул

la sopa
суп

la pizza
пицца

los cubiertos
столовые приборы

el mantel
скатерть

la entrada
закуска

el plato fuerte
главное блюдо

el postre
десерт

las bebidas
напитки

la comida
еда

la botella
бутылка

la comida rápida

фастфуд

la comida de la calle

уличная еда

la tetera

чайник

la azucarera

сахарница

la porción

порция

la cafetera espresso

кофеварка

la periquera

детский стульчик

la cuenta

счет

la charola

поднос

el cuchillo

нож

el tenedor

вилка

la cuchara

ложка

la cuchara de té

чайная ложка

la servilleta

салфетка

el vaso

стакан

el plato

тарелка

el plato hondo

суповая тарелка

el plato

блюдце

la salsa

соус

el salero

солонка

el molino para pimienta

мельница для перца

el vinagre

уксус

el aceite

масло

las especias

специи

el kétchup

кетчуп

la mostaza

горчица

la mayonesa

майонез

la oferta especial
специальное предложение

el cliente
покупатель

los productos lácteos
молочные продукты

la fruta
фрукты

el carrito para compras
тележка для покупок

FOR

la carnicería
мясной магазин

la panadería
пекарня

pesar
взвешивать

los vegetales
овощи

la carne
мясо

los alimentos congelados
быстрозамороженные продукты

las carnes frías

нарезка

los alimentos enlatados

консервы

el detergente en polvo

стиральный порошок

los dulces

сладости

los electrodomésticos

предмет домашнего обихода

productos de limpieza

моющее средство

la vendedora

продавщица

la caja

касса

el cajero

кассир

la lista de compras

список покупок

el horario de atención al público

время работы

la cartera

бумажник

la tarjeta de crédito

кредитная карточка

la bolsa

сумка

la bolsa de plástico

полиэтиленовый пакет

las bebidas

напитки

el agua
вода

el jugo
сок

la leche
молоко

el refresco de cola
кока-кола

el vino
вино

la cerveza
пиво

el alcohol
алкоголь

el cacao
какао

el té
чай

el café
кофе

el espresso
эспрессо

el cappuccino
капучино

el plátano

банан

la manzana

яблоко

la naranja

апельсин

el melón

арбуз

el limón

лимон

la zanahoria

морковь

el ajo

чеснок

el bambú

бамбук

la cebolla

лук

el champiñón

гриб

las nueces

орехи

los fideos

лапша

los espaguetis

спагетти

el arroz

рис

la ensalada

салат

las patatas fritas

картофель фри

las patatas fritas

жареный картофель

la pizza

пицца

la hamburguesa

гамбургер

el emparedado

сэндвич

el filete

шницель

el jamón

ветчина

el salami

салями

la salchicha

колбаса

el pollo

курица

el asado

жаркое

el pescado

рыба

los copos de avena

овсяные хлопья

el muesli

мюсли

los copos de maíz

кукурузные хлопья

la harina

мука

el cuernito

круассан

el bolillo

булочка

el pan

хлеб

la tostada

тост

las galletas

печенье

la mantequilla

масло

la cuajada

творог

el pastel

пирог

el huevo

яйцо

el huevo frito

яичница

el queso

сыр

la comida - еда

el helado

мороженое

el azúcar

сахар

la miel

мёд

la mermelada

мармелад

la crema de chocolate

крем с нугой

el curry

карри

la granja
крестьянский дом

el granero
сарай

una paca de paja
тюк из соломы

el campo
поле

el caballo
лошадь

el remolque
прицеп

el potro
жеребёнок

el tractor
трактор

el burro
осёл

el cordero
ягнёнок

la oveja
овца

la cabra

коза

la vaca

корова

el ternero

телёнок

el cerdo

свинья

el lechón

поросёнок

el toro

бык

el ganso

гусь

el pato

утка

el pollo

цыплёнок

la gallina

курица

el gallo

петух

la rata

крыса

el gato

кошка

el ratón

мышь

el buey

вол

el perro

собака

la casa del perro

конура

la manguera

садовый шланг

la regadera

лейка

la guadaña

коса

el arado

плуг

la hoz

серп

el azadón

мотыга

la horquilla

навозные вилы

el hacha

топор

la carretilla

тачка

el bebedero

корыто

el bote de leche

бидон для молока

el saco

мешок

la valla

забор

el establo

хлев

el invernadero

теплица

el suelo

почва

la semilla

посев

el fertilizador

удобрение

la cosechadora

комбайн

cosechar

собирать урожай

la cosecha

урожай

el camote

ямс

el trigo

пшеница

la soja

соя

la patata

картофель

el maíz

кукуруза

la semilla de colza

рапс

el árbol frutal

фруктовое дерево

la mandioca

маниок

las cereales

злаки

la chimenea
дымоход

el tejado
крыша

el canalón
водосточный желоб

la ventana
окно

el garaje
гараж

el timbre
звонок

la puerta
дверь

el bote de basura
мусорное ведро

el buzón
почтовый ящик

el jardín
сад

la estancia

гостиная

el baño

ванная комната

la cocina

кухня

la recámara

спальня

la recámara de los niños

детская комната

el comedor

столовая

el suelo

пол

la pared

стена

el techo

потолок

el sótano

подвал

el sauna

сауна

el balcón

балкон

la terraza

терраса

la alberca

бассейн

el cortacésped

газонокосилка

la sábana

пододеяльник

la colcha

покрывало

la cama

кровать

la escoba

метла

el balde

ведро

el interruptor

выключатель

el papel para empapelar
обои

la imagen
рисунок

la lámpara
лампа

el estante
полка

la alacena
шкаф

la televisión
телевизор

la chimenea
камин

la flor
цветок

el cojín
подушка

el sofá
диван

el florero
ваза

el control remoto
пульт дистанционного управления

la alfombra

ковёр

la cortina

штора

la mesa

стол

la silla

стул

la mecedora

кресло-качалка

el sillón

кресло

el libro

книга

la frazada

покрывало

la decoración

украшение

la leña

дрова

la película

фильм

el equipo de música

стереосистема

la llave

ключ

el periódico

газета

la pintura

картина

el póster

плакат

la radio

радио

el cuaderno

блокнот

la aspiradora

пылесос

el cactus

кактус

la vela

свеча

el refrigerador
холодильник

el microondas
микроволновая печь

la báscula de cocina
кухонные весы

la tostadora
тостер

el detergente
моющее средство

el horno
духовка

el congelador
морозилка

el bote de basura
мусорное ведро

el lavavajillas
посудомоечная машина

la olla a presión

плита

la olla

кастрюля

la olla de hierro fundido

чугунный котелок

el wok

вок / кадай

la sartén

сковорода

el hervidor

чайник

la vaporera

пароварка

la charola de horno

противень

la loza

посуда

la taza

кружка

el bol

миска

los palillos

палочки для еды

el cucharón

половник

la espátula

лопатка

la batidora

сбивалка

el colador

сито

el colador

сито

el rallador

тёрка

el mortero

ступка

la barbacoa

гриль

la fogata

костёр

la tabla para picar

доска

el rodillo para amasar

скалка

el sacacorchos

штопор

la lata

жестяная банка

el abrelatas

консервный нож

el guante de cocina

прихватка

el fregadero

раковина

el cepillo

щетка

la esponja

губка

la batidora

миксер

el congelador

морозильная камера

el biberón

бутылочка для кормления

la llave

кран

la ducha
душ

la calefacción
отопление

la toalla
полотенце

la cortina de la ducha
душевая занавеска

el baño de espuma
пенистая ванна

la tina
ванна

el vaso
стакан

la lavadora
стиральная машина

la llave
кран

las baldosas
плитка

la bacinica
горшок

el fregadero
раковина

el inodoro
············
туалет

la letrina
············
напольный унитаз

el bidé
············
биде

el mingitorio
············
писсуар

el papel higiénico
············
туалетная бумага

el cepillo para baño
············
ершик

el cepillo de dientes

зубная щетка

la pasta dental

зубная паста

el hilo dental

зубная нить

lavar

мыть

la ducha de mano

ручной душ

la ducha vaginal

интимный душ

el fregadero

таз

el cepillo de espalda

щетка для спины

el jabón

мыло

el gel de ducha

гель для душа

el champú

шампунь

la toallita

мочалка

el drenaje

сток

la crema

крем

el desodorante

дезодорант

el espejo

зеркало

el espejo de tocador

ручное зеркало

la máquina para afeitar

бритва

la espuma de afeitar

пена для бритья

la loción para después de afeitar

лосьон после бритья

el peine

расческа

el cepillo

щетка

la secadora

фен

la laca

лак для волос

el maquillaje

косметика

el lápiz labial

губная помада

el esmalte para uñas

лак для ногтей

el algodón

вата

las tijeras para uñas

маникюрные ножницы

el perfume

духи

el estuche para cosméticos

косметичка

el taburete

табуретка

la báscula

весы

la bata

халат

los guantes de goma

резиновые перчатки

el tampón

тампон

la toalla sanitaria

гигиеническая прокладка

el baño móvil

биотуалет

la recámara de los niños
детская комната

el despertador
будильник

el peluche
мягкая игрушка

el carro de juguete
игрушечный автомобиль

la sonaja
погремушка

la casa de muñecas
кукольный домик

el regalo
подарок

el globo

воздушный шар

la cama

кровать

la carriola

детская коляска

las cartas

карточная игра

el rompecabezas

пазл

el cómic

комикс

las piezas de lego

кирпичики Лего

los bloques para jugar

кубики

la figura de acción

игрушечная фигурка

el mameluco

ползунки

el frisbee

фрисби

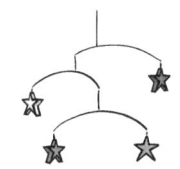

el móvil para bebés

мобиле

el juego de mesa

настольная игра

los dados

кубик

el tren eléctrico

модель железной дороги

el maniquí

соска

la fiesta

вечеринка

el álbum de fotos

книга с картинками

el balón

мяч

la muñeca

кукла

jugar

играть

la recámara de los niños - детская комната

el arenero

песочница

el columpio

качели

los juguetes

игрушка

la consola de videojuegos

игровая приставка

el triciclo

трёхколесный велосипед

el oso de peluche

плюшевый медвежонок

el clóset

шкаф для одежды

la ropa

одежда

los calcetines

носки

las pantimedias

чулки

las mallas

колготки

la bufanda
шарф

el paraguas
зонтик

la playera
футболка

el cinto
ремень

las botas
сапоги

las chanclas
тапки

los tenis
кроссовки

las sandalias

сандалии

los zapatos

ботинки

las botas de goma

резиновые сапоги

la ropa interior

трусы

el brasier

бюстгальтер

el chaleco

майка

el body

боди

los pantalones

брюки

los pantalones de mezclilla

джинсы

la falda

юбка

la blusa

блузка

la camisa

рубашка

el suéter

свитер

la sudadera

свитер

el saco sport

спортивная куртка

la chamarra

жакет

el abrigo

пальто

el impermeable

плащ

el traje

костюм

el vestido

платье

el vestido de novia

свадебное платье

el traje

мужской костюм

el camisón

ночная сорочка

el pijama

пижама

el sari

сари

el pañuelo para la cabeza

платок

el turbante

тюрбан

la burka

паранджа

el caftán

кафтан

la abaya

абайя

el traje de baño

купальник

el short de baño

плавки

los shorts

шорты

los pants

спортивный костюм

el delantal

фартук

los guantes

перчатки

el botón

пуговица

las gafas

очки

el brazalete

браслет

el collar

цепочка

el anillo

кольцо

el arete

серьга

la gorra

шапка

el gancho

вешалка

el sombrero

шляпа

la corbata

галстук

el cierre

застежка молния

el casco

шлем

los tirantes

подтяжки

el uniforme

школьная форма

el uniforme

форма

el babero

детский нагрудник

el maniquí

соска

el pañal

подгузник

la oficina
офис

el servidor
сервер

el archivo
канцелярский шкаф

la impresora
принтер

el monitor
монитор

el papel
бумага

el escritorio
письменный стол

el mouse
мышь

la carpeta
папка

el teclado
клавиатура

el bote de basura
корзина для бумаг

la computadora
компьютер

la silla
стул

la taza de café

кофейная кружка

la calculadora

калькулятор

el internet

интернет

la notebook

ноутбук

la carta

письмо

el mensaje

сообщение

el móvil

мобильный телефон

la red

сеть

la fotocopiadora

ксерокс

el software

программа

el teléfono

телефон

el tomacorriente

розетка

el fax

факс

el formulario

формуляр

el documento

документ

comprar

покупать

pagar

платить

hacer negocios

торговать

el dinero

деньги

el dólar

доллар

el euro

евро

el yen

иена

el rublo

рубль

el franco suizo

франк

el yuan

жэньминьби юань

la rupia

рупия

el cajero automático

банкомат

la casa de cambio

пункт обмена валюты

el oro

золото

la plata

серебро

el petróleo

нефть

la energía

энергия

el precio

цена

el contrato

договор

el impuesto

налог

la acción

акция

trabajar

работать

el empleado

служащий

el empleador

работодатель

la fábrica

фабрика

la tienda

магазин

la economía - экономика

el policía
милиционер

el bombero
пожарный

el cocinero
повар

el médico
врач

el piloto
пилот

el jardinero

садовник

el carpintero

столяр

la costurera

швея

el juez

судья

el farmacéutico

химик

el actor

актёр

el conductor de autobús

водитель автобуса

el taxista

таксист

el pescador

рыбак

la señora de la limpieza

уборщица

el instalador de techos

кровельщик

el camarero

официант

el cazador

охотник

el pintor

художник

el panadero

пекарь

el electricista

электрик

el obrero

строитель

el ingeniero

инженер

el carnicero

мясник

el plomero

сантехник

el cartero

почтальон

el soldado

солдат

el arquitecto

архитектор

el cajero

кассир

el florista

флорист

el peluquero

парикмахер

el cobrador

кондуктор

el mecánico

механик

el capitán

капитан

el dentista

зубной врач

el científico

ученый

el rabino

раввин

el imán

имам

el monje

монах

el sacerdote

священник

el martillo
молоток

la pinza
плоскогубцы

el desarmador
отвёртка

la llave
гаечный ключ

la linterna
карманный фона[р]

la excavadora

экскаватор

la caja de herramientas

ящик для инструментов

la escalera de mano

стремянка

la sierra

пила

los clavos

гвозди

el taladro

дрель

reparar

ремонтировать

la pala

лопата

¡Maldición!

Блин!

el recogedor

совок

el bote de pintura

ведро с краской

los tornillos

винты

los instrumentos musicales
музыкальные инструменты

el altavoz
громкоговоритель

la batería
ударный инструмент

la guitarra
гитара

el contrabajo
контрабас

la trompeta
труба

el piano

пианино

el violín

скрипка

el bajo

бас-гитара

los timbales

литавры

el tambor

барабан

el teclado

синтезатор

el saxofón

саксофон

la flauta

флейта

el micrófono

микрофон

el zoológico
зоопарк

la entrada
вход

el tigre
тигр

la jaula
клетка

la cebra
зебра

el alimento para animales
корм

el oso panda
панда

los animales

животные

el elefante

слон

el canguro

кенгуру

el rinoceronte

носорог

el gorila

горилла

el oso

медведь

el camello

верблюд

el avestruz

страус

el león

лев

el mono

обезьяна

el flamenco

фламинго

el loro

попугай

el oso polar

белый медведь

el pingüino

пингвин

el tiburón

акула

el pavo real

павлин

la serpiente

змея

el cocodrilo

крокодил

el guardián de zoológico

служитель зоопарка

la foca

тюлень

el jaguar

ягуар

el zoológico - зоопарк

el poni

пони

el leopardo

леопард

el hipopótamo

бегемот

la jirafa

жираф

el águila

орёл

el jabalí

кабан

el pescado

рыба

la tortuga

черепаха

la morsa

морж

el zorro

лиса

la gacela

газель

el zoológico - зоопарк

el fútbol americano
американский футбол

el ciclismo
езда на велосипеде

el tenis
теннис

el baloncesto
баскетбол

la natación
плавание

el boxeo
бокс

el hockey sobre hielo
хоккей

el fútbol
футбол

el bádminton
бадминтон

el atletismo
лёгкая атлетика

el handball
гандбол

el esquí
лыжный спорт

el polo
поло

saltar
прыгать

reír
смеяться

abrazar
обнимать

caminar
идти

cantar
петь

soñar
мечтать

rezar
молиться

besar
целовать

escribir

писать

dibujar

рисовать

mostrar

показывать

empujar

нажимать

dar

давать

tomar

брать

tener

иметь

hacer

делать

ser

быть

estar parado

стоять

correr

бежать

jalar

тянуть

arrojar

бросать

caer

падать

estar acostado

лежать

esperar

ждать

llevar

носить

estar sentado

сидеть

vestirse

надевать

dormir

спать

despertar

просыпаться

mirar

рассматривать

llorar

плакать

acariciar

гладить

peinar

причесывать

hablar

говорить

entender

понимать

preguntar

спрашивать

escuchar

слушать

beber

пить

comer

кушать

ordenar

наводить порядок

amar

любить

cocinar

готовить

conducir

ехать

volar

летать

las actividades - действия

navegar

ходить под парусом

calcular

считать

leer

читать

aprender

учиться

trabajar

работать

casarse

вступать в брак

coser

шить

cepillarse los dientes

чистить зубы

matar

убивать

fumar

курить

enviar

отправлять

la abuela
бабушка

el abuelo
дедушка

el padre
папа

la madre
мама

el bebé
младенец

la hija
дочь

el hijo
сын

el invitado

гость

la tía

тетя

el tío

дядя

el hermano

брат

la hermana

сестра

la frente
лоб

el ojo
глаз

el hombro
плечо

el dedo
палец

la cara
лицо

la barbilla
подбородок

la mano
кисть

el pecho
грудь

la pierna
нога

el brazo
рука

el bebé

младенец

el hombre

мужчина

la mujer

женщина

la niña

девочка

el niño

мальчик

la cabeza

голова

la espalda

спина

la barriga

живот

el ombligo

пупок

el dedo del pie

палец ноги

el talón

пятка

el hueso

кость

la cadera

бедро

la rodilla

колено

el codo

локоть

la nariz

нос

las pompis

ягодицы

la piel

кожа

la mejilla

щека

el oído

ухо

el labio

губа

la boca

рот

el diente

зуб

la lengua

язык

el cerebro

мозг

el corazón

сердце

el músculo

мышца

el pulmón

лёгкое

el hígado

печень

el estómago

желудок

los riñones

почки

el sexo

половой акт

el condón

презерватив

el óvulo

яйцеклетка

el semen

сперма

el embarazo

беременность

la menstruación

менструация

la vagina

вагина

el pene

пенис

la ceja

бровь

el cabello

волосы

el cuello

шея

el hospital
больница

la ambulancia
машина скорой помощи

la silla de ruedas
кресло-каталка

la fractura
перелом

el médico

врач

la sala de emergencias

пункт первой помощи

la enfermera

медсестра

la emergencia

неотложный случай

inconsciente

без сознания

el dolor

боль

la lesión

повреждение

la hemorragia

кровотечение

el infarto

инфаркт

el accidente
cerebrovascular

инсульт

la alergia

аллергия

la tos

кашель

la fiebre

повышенная температура

la gripa

грипп

la diarrea

понос

el dolor de cabeza

головная боль

el cáncer

рак

la diabetes

диабет

el cirujano

хирург

el bisturí

скальпель

la operación

операция

TC

КТ

los rayos x

рентген

el ultrasonido

ультразвук

la mascarilla

маска

la enfermedad

болезнь

la sala de espera

приёмная

la muleta

костыль

la vendita

пластырь

el vendaje

бинт

la inyección

укол

el estetoscopio

стетоскоп

la camilla

носилки

el termómetro

термометр

el nacimiento

рождение

el sobrepeso

избыточный вес

el audífono

слуховой аппарат

el desinfectante

дезинфекционное
средство

la infección

инфекция

el virus

вирус

VIH / SIDA

ВИЧ / СПИД

la medicina

лекарство

la vacunación

прививка

las tabletas

таблетки

la pastilla anticonceptiva

противозачаточная
таблетка

la llamada de emergencia

экстренный вызов

el medidor de presión

прибор для измерения
кровяного давления

enfermo / sano

больной / здоровый

¡Socorro!

Помогите!

la alarma

сигнал тревоги

la agresión

нападение

el ataque

атака

el peligro

опасность

la salida de emergencia

запасной выход

¡Fuego!

Пожар!

el extintor de incendios

огнетушитель

el accidente

несчастный случай

el botiquín de primeros
auxilios

аптечка

SOS

SOS

la policía

милиция

Europa

Европа

Norteamérica

Северная Америка

Sudamérica

Южная Америка

África

Африка

Asia

Азия

Australia

Австралия

el Atlántico

Атлантический океан

el Pacífico

Тихий океан

el Océano Índico

Индийский океан

el Océano Antártico

Антарктический океан

el Océano Ártico

Северный Ледовитый
океан

el polo norte

Северный полюс

el polo sur

Южный полюс

la Antártida

Антарктика

la tierra

земля

la tierra

суша

el mar

море

la isla

остров

la nación

нация

el estado

государство

la esfera

циферблат

la manecilla de las horas

часовая стрелка

el minutero

минутная стрелка

el segundero

секундная стрелка

¿Qué hora es?

Который час?

el día

день

la hora

время

ahora

сейчас

el reloj digital

электронные часы

el minuto

минута

la hora

час

la semana

неделя

lunes
понедельник

miércoles
среда

viernes
пятница

martes
вторник

jueves
четверг

sábado
суббота

domingo
воскресенье

ayer

вчера

hoy

сегодня

mañana

завтра

la mañana

утро

el mediodía

полдень

la tarde

вечер

MO	TU	WE	TH	FR	SA	SU
1	2	3	4	5	6	7
8	9	10	11	12	13	14
15	16	17	18	19	20	21
22	23	24	25	26	27	28
29	30	31	1	2	3	4

los días laborables

рабочие дни

MO	TU	WE	TH	FR	SA	SU
1	2	3	4	5	6	7
8	9	10	11	12	13	14
15	16	17	18	19	20	21
22	23	24	25	26	27	28
29	30	31	1	2	3	4

el fin de semana

выходные

la lluvia
дождь

el arco iris
радуга

la nieve
снег

el viento
ветер

la primavera
весна

el otoño
осень

el verano
лето

el invierno
зима

el pronóstico del tiempo

прогноз погоды

el termómetro

термометр

el sol

солнечный свет

la nube

туча

la niebla

туман

la humedad

влажность воздуха

el rayo

молния

el trueno

гром

la tormenta

буря

el granizo

град

el monzón

муссон

la inundación

наводнение

el hielo

лёд

enero

январь

febrero

февраль

marzo

март

abril

апрель

mayo

май

junio

июнь

julio

июль

agosto

август

septiembre

сентябрь

octubre

октябрь

noviembre

ноябрь

diciembre

декабрь

las formas

формы

el círculo

круг

el cuadrado

квадрат

el rectángulo

прямоугольник

el triángulo

треугольник

la esfera

шар

el cubo

куб

blanco
....
белый

amarillo
....
желтый

naranja
....
оранжевый

rosa
....
розовый

rojo
....
красный

morado
....
лиловый

azul
....
синий

verde
....
зелёный

marrón
....
коричневый

gris
....
серый

negro
....
черный

mucho / poco

много / мало

enojado / tranquilo

яростный / мирный

bonito / feo

красивый / уродливый

principio / fin

начало / конец

grande / pequeño

большой / маленький

claro / oscuro

светлый / темный

el hermano / la hermana

брат / сестра

limpio / sucio

чистый / грязный

completo / incompleto

полный / неполный

el día / la noche

день / ночь

muerto / vivo

мёртвый / живой

ancho / angosto

широкий / узкий

comestible / no comestible

съедобный / несъедобный

malo / amable

злой / дружелюбный

entusiasmado / aburrido

взволнованный / скучающий

gordo / delgado

толстый / худой

primero / último

сначала / в конце

el amigo / el enemigo

друг / враг

lleno / vacío

полный / пустой

duro / blando

твёрдый / мягкий

pesado / ligero

тяжёлый / лёгкий

el hambre / la sed

голод / жажда

enfermo / sano

больной / здоровый

ilegal / legal

незаконный / законный

inteligente / tonto

умный / глупый

izquierda / derecha

слева / справа

cerca / lejos

близко / далеко

nuevo / usado

новый / подержанный

nada / algo

ничто / нечто

viejo / joven

старый / молодой

encendido / apagado

включено / выключено

abierto / cerrado

открыто / закрыто

silencioso / ruidoso

тихо / громко

rico / pobre

богатый / бедный

correcto / incorrecto

правильный /
неправильный

áspero / suave

шероховатый / гладкий

triste / contento

печальный / счастливый

corto / largo

короткий / длинный

lento / rápido

медленный / быстрый

húmedo / seco

мокрый / сухой

caliente / frío

тёплый / прохладный

guerra / paz

война / мир

0

cero

ноль

1

uno

один

2

dos

два

3

tres

три

4

cuatro

четыре

5

cinco

пять

6

seis

шесть

7

siete

семь

8

ocho

восемь

9

nueve

девять

10

diez

десять

11

once

одиннадцать

12

doce

двенадцать

13

trece

тринадцать

14

catorce

четырнадцать

15

quince

пятнадцать

16

dieciséis

шестнадцать

17

diecisiete

семнадцать

18

dieciocho

восемнадцать

19

diecinueve

девятнадцать

20

veinte

двадцать

100

cien

сто

1.000

mil

тысяча

1.000.000

el millón

миллион

los idiomas

el inglés

английский

el inglés americano

американский английский

el chino mandarín

мандаринский китайский

el hindi

хинди

el español

испанский

el francés

французский

el árabe

арабский

el ruso

русский

el portugués

португальский

el bengalí

бенгальский

el alemán

немецкий

el japonés

японский

yo

я

tú

ты

él / ella

он / она / оно

nosotros

мы

vosotros

вы

ellos

они

¿quién?

кто?

¿qué?

что?

¿cómo?

как?

¿dónde?

где?

¿cuándo?

когда?

el nombre

имя

detrás

за

en

в

delante de

перед

por encima de

над

sobre

на

debajo de

под

junto a

рядом

entre

между

el lugar

место